Gedicht-Gebete

Barbara Schmitt

Gedicht-Gebete

Christlich-spirituell

Barbara Schmitt

© 2021 Barbara Schmitt
Herstellung und Verlag: BoD – Books on
Demand, Norderstedt
ISBN: 9783755713784

Vorwort

Beten geschieht in so vielfältiger Form. Ich lade Sie ein, es mit Gedichten neu zu entdecken.

Viel Freude wünsche ich Ihnen dabei liebe Leser/innen!

Zweifel im Herzen

„Warum lasst ihr Zweifel
in euren Herzen aufkommen?"
Im Denken erscheinen die Zweifel
ungerufen, ungewollt, verwirrend!
Den Raum will ich entdecken
zum Wählen,
das Herz bewahren im Vertrauen,
und die Gedanken sich tummeln lassen
da draußen im Orbit der Geister,
in der Heimkehr gewandelten Verstehens
in der Schau meines Herzens.

Liebt einander, wie ich euch geliebt!

Jedem in sein Leben schauen,

die Sehnsüchte und Enttäuschungen,

die Verletzungen und Bitterkeit,

die Freude und Tapferkeit –

wie bei mir, nur anders!

Ja, ich liebe das Leben

bei mir und bei dir trotz allem

mit Ihm, der allem trotzt!

Fülle des Lebens

Auf der Suche nach der Fülle des Lebens

im Verkosten des Schönen,

mit allen Sinnen,

im Erleben der Vielfalt der Welt,

im Begegnen so vieler Menschen,

im Brunnengrund des Erlittenen,

des irreversiblen Leidens,

im alltäglichen Allerlei

den Glanz schenken lassen:

„Ich will, dass ihr das Leben habt in Fülle!"

Ich

Geprägt, bestimmt, verführt,

verplant, verfunktioniert –

erspüren, was ich wirklich will,

wer ich bin mit meinem Sein,

in dieser Welt und weit hinein

in Dein Geheimnis rein!

Taufe

Unsichtbares Geschehen,

gewaltig und ganz leise,

bricht in den Alltag ein,

unscheinbar anziehend schön!

 Verheißung für mein Leben.

Wir müssen es heben

und wählen

dieses Siegel des Rufens

meines Namens

aus dem Mund des Schöpfers.

Amen!

„Das ist mein Leib für dich"   Eucharistie

Leib: Verortung menschlicher

Existenz, personaler Identität,

Wohnung des Bewusstseins,

Erlebnisstätte des Fühlens,

Basis der Entscheidungen.

Du bietest mir Deinen Leib an,

so menschlich nah und so göttlich fern,

gereicht im täglich Brot

beim abendlichen Mahl

willst damit Wohnung nehmen

in meinem Leib,

mir immer neu lebendig sein,

wie frisches Brot!

Der Winzer

Jeder Rebstock ist mir heilig,

jeder ist so einzigartig!

Mit feinem Blick entdeck Ich dich,

mit Liebe seh Ich, was du brauchst,

mit Geschick berühr' Ich dich,

befrei Verdeckt-Versteckes

zum Blühen, Reifen, Leuchten!

Schrein

Birgst Kostbares, Erhabenes,

zeigst es vor ganz würdevoll,

bewahrst das Geheimnis

des Lebens, des Herzens

verborgen, geborgen!

Du liebst den Schrein des Herzens

so müd und zerschlissen,

so treu und begeistert es sei,

immer liebst Du es, unser Herz,

anders als wir!

Pfingstgeist

Zum Greifen nah, verhüllst Du Dich,

entziehst Dich dem Begreifen

und willst uns doch ergreifen!

Der Mensch lebt nicht vom Brot allein,

wir sehnen uns nach deinem Geist

beten, hoffen, den Verborgenen zu sehn,

bleiben treu im Geheimnis stehn!

Tabernakel

Wir sperren Dich ein im kalten Stein

mit Metall und feinem Schmuck!

Du willst uns speisen immerfort

mit Deinem „ Bei uns Sein",

leben im lebendigen Schrein

unseres offenen Seins,

hier und jetzt

essen wir das frische Brot,

das Du den Jüngern einst gereicht!

Schmerz

überflüssig, störend, verletzend

das Leben in seinem urtümlichen Drang,

bremst es aus, engt den Blick ein

auf Vernichtendes, verlorenes Sein!

Axt am Baumstamm, Salz in der Wunde,

ringst uns ab das Gehorchen,

das Bewähren, das Durchleiden –

so spät erst wischst Du unsere Tränen ab,

dürfen wir verstehen

und keine Fragen mehr haben!

Um des Himmelreiches willen

Verzichten, verdrängen, verachten?
Menschliches Wünschen muss gespürt,
durchlebt, durchlitten, wertgeschätzt
werden,
im Herzraum geschmiedet
zur Hingabe an Ihn, dem Himmelreich,
Ihn zu entdecken im Erdenreich!

Sünde wider den Heiligen Geist

Wird nicht vergeben - wie sollte es,

wenn Er der Geist ist,

der alleine vergeben kann und

einer sich gegen Ihn entscheidet!

So bedeutsam ist unsere Entscheidung!

Schuld

Wir werden sie nicht los,

sie klebt an uns, nein, brennt sich ein.

Wir können uns nur lieben lassen

mit diesem Makelschmerz

von Ihm, der jeden Makel an sich trug,

nicht rein, sondern heil machst Du uns

in Deinen Armen!

BArmHerzigkeit

Nicht devote Unterwerfung

als armer Sünder!

Du nimmst uns in den Arm,

an Dein Herz ,

egal, was war und ist,

– das ist es!

Schöpfung – Herbstwind

Ein Blatt liegt auf der Nase

auf meinem Balkon,

tausend mal gesehn!

Mein Gott ist es schön!

Der Wind bläst die Blätter himmelwärts,

bevor sie taumeln, müssen gehn,

im Schoß des Schöpfers Heimat sehn!

Abschied

Willst, musst du gehen?

Es war doch noch so schön,

da plötzlich trägst du Züge des davon!

Wohin entziehst du dich dem Sehnen,

darfst uns nicht mitnehmen?

Mit allem, was uns lieb gewesen,

mit allem, was wir uns erkämpft!

Was hältst du, wirst bewahren

in deinem Himmel,

in unserem irdenen Sein?

Vater - Mutter - Unser

Du Schöpfer und Hüter des Alls,

Deine Gegenwart leuchte uns

auf dem Weg durch die Zeit.

Dein Reich wachse in uns,

damit wir teilen das Brot,

das Du uns täglich gibst,

und auch die Schuld, die uns zertrennt!

Und berge unser Herz in Dir,

trotz aller Schuld und Schmerz

in Jesu Tod und Auferstehn!

Autorenportrait

Barbara Schmitt, geb.1947 in München

Examen für das Lehramt an der Grund -
und Hauptschule

Diplom-Psychologin, Psychologische
Psychotherapeutin (Tiefenpsych.)

mehrjährige Erfahrung in kontemplativer
Meditation